DANOS NÃO PATRIMONIAIS
O DANO DA MORTE

DELFIM MAYA DE LUCENA

DANOS NÃO PATRIMONIAIS
O DANO DA MORTE

Interpretação do artigo 496.º do Código Civil

Reimpressão da edição de 1985

DANOS NÃO PATRIMONIAIS
O DANO DA MORTE

AUTOR
DELFIM MAYA DE LUCENA

EDITOR
EDIÇÕES ALMEDINA, SA
Rua da Estrela, n.º 6
3000-161 Coimbra
Tel.: 239 851 904
Fax: 239 851 901
www.almedina.net
editora@almedina.net

PRÉ-IMPRESSÃO • IMPRESSÃO • ACABAMENTO
G.C. – GRÁFICA DE COIMBRA, LDA.
Palheira – Assafarge
3001-453 Coimbra
producao@graficadecoimbra.pt

Setembro, 2006

DEPÓSITO LEGAL
247144/06

Os dados e as opiniões inseridos na presente publicação
são da exclusiva responsabilidade do(s) seu(s) autor(es).

Toda a reprodução desta obra, por fotocópia ou outro qualquer processo,
sem prévia autorização escrita do Editor,
é ilícita e passível de procedimento judicial contra o infractor.

DEDICATÓRIA

À Ana Prata e ao José António Pinto Ribeiro, que tanto ensinaram e sugeriram, dando sempre o apoio da sua amizade e sem os quais não teriam sido, novamente, possíveis o entusiasmo, a compreensão, o sonho...

À Teresa, por tudo o que não carece ser explicado e que ela sabe ser muito...

NOTA EXPLICATIVA

A questão da indemnização dos danos não patrimoniais e, em especial, a do dano da morte, continua a dividir a doutrina portuguesa que, nem por isso, dela se ocupa expressamente.

Quanto à jurisprudência, persiste pacífico o entendimento de tal indemnizabilidade, sem que se questione o porquê, nem sequer o "onde" do assento legal da regra.

Este estudo mantém intactos o interesse e a oportunidade do momento em que foi elaborado, continuando a ser o texto que condensa o essencial dos problemas que no direito português se discutem a este propósito.

A sua reimpressão era uma necessidade e é, para mim, uma ocasião de lembrar e homenagear, com saudade e prazer, o Dr. Delfim Maya de Lucena, o seu gosto pelo estudo, o seu enorme talento pedagógico, os anos de partilha de apaixonante trabalho no ensino do Direito das Obrigações.

ANA PRATA

NOTA PRÉVIA

Concluída a licenciatura em Direito, em 20 de Outubro de 1980, foi com este trabalho, que, logo em fins de Novembro do mesmo ano, me apresentei a concurso para Assistente Estagiário da Faculdade de Direito de Lisboa.

Aprovado em tal concurso, após discussão oral do presente estudo, perante um júri de Professores Catedráticos daquela Faculdade, era minha firme intenção proceder à sua revisão, completando-o e desenvolvendo-o.

Absorvido, porém, pelo serviço docente, pela frequência do curso de pós-graduação em Ciências Jurídicas — que só em fins do corrente ano estará concluído — e pelo desempenho de outras actividades profissionais, não mais me foi possível concretizar tal propósito, decidindo-me, agora, a publicá-lo, praticamente na sua versão original.

Resta-me, assim, esperar que os factos apontados, embora não excluindo totalmente a «culpa» do autor, possam, no entanto, atenuar, embora em pequena medida, a responsabilidade do mesmo.

Lisboa, Abril de 1985.

PLANO DE TRABALHO

Os problemas que este trabalho vai procurar investigar são, fundamentalmente, os seguintes:

— Considera a nossa lei a lesão do direito à vida, como um dano autónomo que o lesante está obrigado a indemnizar?
— Em caso afirmativo, onde é que o actual Código Civil consagra tal obrigação?
— Quem é o titular do correspondente direito a indemnização?
— É esse direito um direito adquirido a título sucessório ou trata-se, antes, de um direito atribuído *ex-novo* a certas pessoas indicadas na lei?

Seria, no entanto, artificial abordar estas questões sem, à partida, as enquadrar na problemática mais ampla dos danos não patrimoniais, dado que, sendo o chamado «dano-morte» uma espécie dentro do género constituído por aqueles, muitas das soluções encontradas para as dúvidas suscitadas pelos primeiros, determinarão, como é óbvio, a resposta às perguntas que o segundo obriga a formular e a que tão difícil é responder.

Acontece, no entanto, que a grande maioria das questões mais importantes que, abstraindo do «dano--morte», se suscitam acerca dos danos não patrimoniais, têm hoje, nas nossas doutrina e jurisprudência, um entendimento pacífico e, por isso e para não transformar este estudo numa mera repetição de ideias e princípios formulados por outrem, apenas serão referidas, a traços gerais, as grandes linhas de orientação.

Quando se começar a tratar do assunto central deste trabalho, então sim, se procurará expor detalhadamente as principais posições assumidas pela doutrina, antes de formular a conclusão que se considera ser a preferível.

Assim, o plano que se procurará desenvolver é, em esquema, o seguinte:

1. Noção de danos não pratrimoniais. Possibilidade da sua indemnização: a ideia de compensação. Problemas levantados pela dificuldade em calcular a indemnização e pela atribuição da titularidade do respectivo direito.

2. Delimitação dos danos não patrimoniais susceptíveis de serem indemnizados. Alargamento da possibilidade de «ressarcimento» dos danos não patrimoniais à responsabilidade obrigacional.

3. O cálculo do montante indemnizatório no campo dos danos não patrimoniais: critério a seguir em face da lei e especialidades relativamente ao que se passa com os danos patrimoniais.

4. A transmissibilidade do direito a indemnização: transmissibilidade do direito a indemnização por danos não patrimoniais.

5. Os danos não patrimoniais *indiscutivelmente* abrangidos pelo art. 496.º, do Código Civil.

a) Os sofridos pelo lesado imediato, em casos em que não ocorre a morte do mesmo.

b) Os sofridos pelo directamente lesado, até ao momento da morte, nas situações em que esta tem lugar, como consequência adequada da conduta do lesante.

c) Os sofridos pessoalmente pelas pessoas indicadas no n.º 2, do art. 496.º, do Código Civil, igualmente nos casos em que a conduta do lesante produz a morte do lesado directo.

6. O Dano-Morte: os discutidos problemas de saber se a morte, isto é, se a lesão do direito à vida, origina, por si só e independentemente de outros danos, um direito a indemnização e, no caso afirmativo, quem é o titular desse direito e a que título. Relevância prática desta última questão.

7. A posição adoptada e a sua fundamentação.

8. O sistema consagrado no artigo 496.º, do Código Civil.

I

GENERALIDADES

1. O art. 496.º, do Código Civil, preceito legal que constitui o objecto fulcral deste trabalho, veio, no seu n.º 1, afirmar o direito a indemnização por danos não patrimoniais, considerados pela doutrina como os que resultam da ofensa de interesses insusceptíveis de avaliação pecuniária ([1]) e também desi-

---

([1]) Neste sentido, Professor Doutor Fernando Pessoa Jorge — «Lições de Direito das Obrigações» — Lisboa, 1967 — pág. 487.
— Em «Direito das Obrigações» — 2.ª edição, pág. 366, o Professor Doutor Inocêncio Galvão Telles ensina serem os danos morais «prejuizos que não atingem em si o património, não o fazendo diminuir, nem frustrando o seu acréscimo. O património não é afectado: nem passa a valer menos, nem deixa de valer mais».
— O Professor Doutor Adriano Vaz Serra em «Reparação do Dano Não Patrimonial», estudo publicado no *B.M.J.*, n.º 83, de Fevereiro de 1959, págs. 69 e segs., depois de definir o que são danos não patrimoniais, chama a atenção para o facto de as pessoas colectivas os poderem sofrer no caso de, por exemplo, serem atingidas na sua reputação.

gnados por *danos morais*, (²) resolvendo assim, em sentido afirmativo, a questão de se saber se tais danos devem ou não ser indemnizados.

Com efeito, destinando-se a indemnização a «reconstituir a situação que existiria, se não se tivesse verificado o evento que obriga à reparação» (cfr. art. 562.º, do Código Civil), autores há que, afirmando não ser possível eliminar as dores, vexames e angústias sofridas pelo lesado, dizem não se poder falar na indemnização de tais prejuízos.

A isto responde a corrente, hoje amplamente maioritária na nossa doutrina (³), que defende não

---

(²) A expressão danos não patrimoniais é preferível, porque o dano não patrimonial pode não ser simplesmente moral, como acontece com a dor física (Cod. Civil Anotado dos Professores Doutores Pires de Lima e Antunes Varela — 1967 — pág. 341 — anotação ao art. 496.º do Código Civil).

Contudo, utilizarei no texto, indiferenciadamente, as duas expressões, seguindo, aliás, o exemplo da generalidade da doutrina.

(³) Cfr., por todos, o Professor Doutor Adriano Vaz Serra que, no estudo citado, defende tal posição e indica ser essa a orientação da doutrina e jurisprudência francesas, bem como a do Projecto Franco-Italiano do Código das Obrigações e dos Contratos e, ainda, a do Código Brasileiro.

Em sentido contrário, indica o referido Professor o Código Alemão, que só admite a indemnização pecuniária dos danos morais em casos de excepção e, também, o Código Italiano de 1942 que só a aceita na responsabilidade civil conexa com a responsabilidade criminal.

Por outro lado, enquanto o nosso Código Civil de 1867 parecia não admitir tal possibilidade, o Código de Processo Penal já a aceitava, pelo menos no âmbito da responsabilidade

só a possibilidade, como a necessidade de indemnização desses prejuízos, com argumentos de vária ordem:

— Por um lado, afirma ser um princípio geral do nosso Ordenamento Jurídico, como se depreende do art, 483.º, do C. C., impedir que um dano, qualquer que ele seja, fique sem reparação.

— Por outro lado, argumenta que, cabendo num conceito amplo de indemnização uma ideia de *compensação*, o atribuir-se uma quantia em dinheiro a quem, por exemplo, sofreu o desgosto de perder um ente querido, não significa que, estando-se a pagar a sua dor, se esteja assim a eliminar o dano, concepção que, sem dúvida, seria chocante de um ponto de vista ético.

É que, nestes casos, a indemnização não teria por fim um ressarcimento «stricto sensu», mas sim o de, proporcionando ao lesado determinada quantia, permitir-lhe o acesso a certos bens, de ordem material ou espiritual, os quais, desviando a sua atenção dos sofrimentos que lhe foram causados, contribuam para lhe atenuar o sofrimento.

— Imoral seria, isso sim, considerar somente os interesses materiais como merecedores de tutela jurídica e deixar por indemnizar toda a lesão de interesses espirituais.

— Quanto ao argumento de que a impossibilidade de indemnização pecuniária dos danos não patri-

---

civil conexa com a criminal. (Neste sentido cfr. Professor Doutor João de Matos Antunes Varela em «Das Obrigações em Geral» — 2.ª edição — Vol. I — pág. 453.)

moniais, deriva da dificuldade de fixar, sem recurso à arbitrariedade, o valor dos prejuízos morais, lembram os autores que defendem a bondade de tal indemnização, que essa dificuldade também existe e não é menor, quando se procura estabelecer o montante dos lucros cessantes e que nem por isso estes são deixados indemnes, como não o são os prejuízos, igualmente difíceis de apurar, que o comerciante sofreu em consequência da calúnia de que foi alvo.

Além disso, é falsa a afirmação de se ter necessariamente que recorrer ao arbítrio para fixar o «quantum» da compensação a atribuir, bastando, para tal, o recurso a juízos de equidade, que tenham em conta todas as circunstâncias do caso concreto e não esqueçam que o principal fim visado pela «compensação» é o de proporcionar ao lesado meios para se «distrair da sua dor», nem que a situação económica do lesante e do lesado e o grau da culpa do primeiro, delimitam a indemnização a conceder (cfr. n.º 3 do art. 496.º, do Código Civil, que remete para o art. 494.º, do mesmo diploma legal).

Ainda contra a ressarcibilidade dos danos não patrimoniais, argumenta-se com a dificuldade de determinar quem teria direito a ser ressarcido, uma vez que, a título de exemplo, a morte de uma pessoa pode ser mais duramente sentida por um amigo do que pelos seus parentes, mesmo os mais chegados.

O problema não é, porém, insolúvel e pode o legislador resolvê-lo.

A necessidade de evitar que um número demasiado grande de pessoas tome assento «à mesa do ressarcimento», com o inconveniente de sobrecarregar o lesante com uma indemnização por demais ampla, ou o de conferir a uma multidão de pressurosos lesados uma indemnização, que, por irrisória, seria meramente simbólica, levou a lei a fixar previamente o elenco das pessoas que considera terem legitimidade para pedir a reparação dos danos não patrimonais, no caso de o lesado imediato vir a falecer em consequência da lesão.

Por outro lado, não ocorrendo a morte da pessoa que foi directamente ofendida pelo acto ilícito causador dos danos, só esta poderá exigir a respectiva «compensação».

2. Coloca-se também o problema de saber quais os danos não patrimoniais susceptíveis de serem indemnizados.

A este respeito, afirma o n.º 1 do art. 496.º, do Código Civil, que só o são os danos «...que, pela sua gravidade, mereçam a tutela do direito», o que não é inovatório relativamente aos prejuízos patrimoniais, pois já o n.º 2 do art. 398.º exige que a prestação a que o devedor está adstrito «deve corresponder a um interesse do credor, digno de protecção legal».

Parece não ser absolutamente necessária a parte final do art. 496.º, n.º 1, a qual, porém, mostra ter o legislador querido reforçar num campo tão fluido, como o das lesões não patrimoniais, a imperiosidade de se não aceitarem de ânimo leve, como compensáveis, prejuízos de pequeno relevo ou de anómala motivação ([4]).

Ainda neste domínio, deve-se cuidar de saber se a ressarcibilidade dos danos não patrimoniais é de restringir ao campo da responsabilidade civil extra-obrigacional, ou se, antes pelo contrário, ela se deve alargar ao âmbito da responsabilidade obrigacional.

E enquanto nalguns países, como, por exemplo, na França, a Jurisprudência e a Doutrina se encontram divididas a este respeito, noutros, como na Itália, só existe a reparação dos danos não patrimoniais nos casos de crimes ([5]).

Entre nós, a doutrina parece inclinar-se decididamente para a afirmativa, sendo nesse sentido os ensinamentos, entre outros, dos Professores Dou-

---

([4]) Que, acaso, tivessem passado as malhas de uma pouco cuidada investigação do nexo causal.

([5]) Professor Doutor Adriano Vaz Serra, «Reparação do Dano não Patrimonial» — *B.M.J.*, n.º 83 de Fevereiro de 1959 — págs. 102 e 103.

([6]) *Ob. cit.*, pág. 104, em que chama a atenção para que a solução afirmativa mais se impõe «se se admitir que a prestação pode não ter carácter patrimonial». Ora, o art. 398.º, n.º 2, do Código Civil actual, veio afirmar que a prestação não necessita ter valor pecuniário.

([7]) «Direito das Obrigações» — 2.ª edição — págs. 374 a 376 em que acrescenta que a responsabilidade por danos momais se não limita (como poderia decorrer da colocação e teor do art. 496.º, do Código Civil) ao campo das lesões corporais.

tores Adriano Vaz Serra ([6]), Inocêncio Galvão Telles ([7]) e Fernando Pessoa Jorge ([8]).

3. Quanto ao cálculo do montante da indemnização por danos não patrimoniais e por força da 1.ª parte do n.º 3, do art. 496.º, do Código Civil, deve o tribunal fixar equitativamente tal montante, tendo, em *«qualquer caso»*, em conta as circunstâncias referidas no seu art. 494.º, que, como afirma o Professor Doutor Inocêncio Galvão Telles, contém, no âmbito da responsabilidade extra-obrigacional, uma disposição geral que abrange todos os tipos de prejuízos e que visa a atenuação da responsabilidade do autor do dano, nos casos em que este tenha procedido com mera culpa, isto é, quando tenha agido sem dolo ([9]).

Por outro lado, como bem chama a atenção o mesmo Professor, na fixação *equitativa* do montante

---

([8]) «Lições de Direito das Obrigações» — 1967 — págs. 595 e 597.

([9]) *Ob. cit.*, pág. 372. O Professor Doutor Inocêncio Galvão Telles acrescenta ainda «(ou sem culpa grave)» entendendo, portanto, que nos casos de culpa grave se não deverá proceder à fixação da indemnização em montante inferior ao que corresponderia aos danos causados.

É corrente, na doutrina, porém, efectuar, para este efeito, a distinção unicamente entre dolo e mera culpa (cfr. art. 483.º, do Código) e entender que só se pode efectuar a redução da indemnização nos casos em que não haja dolo. A averiguação de culpa grave, leve ou levíssima, importaria, então, somente para a graduação da indemnização em montante inferior ao dano.

indemnizatório, prevista no art. 496.º, nunca se poderá deixar de atender à culpa do lesante, à sua situação económica, bem como à do lesado e às demais circunstâncias do caso ([10]).

No campo dos danos patrimoniais, não sendo possível a reconstituição natural ([11]), a indemnização pecuniária dos mesmos processa-se nos termos do n.º 2 do art. 566.º, do Código Civil, tendo como medida «...a diferença entre a situação patrimonial do lesado, na data mais recente que pode ser atendida pelo tribunal e a que teria nessa data se não existissem danos» (Teoria da Diferença), só se recorrendo a juízos de equidade, conforme dispõe o n.º 3 da mesma disposição legal, nos casos em que não seja possível provar o quantitativo dos danos.

Diversamente, no domínio dos danos não patrimoniais, atendendo a que a reconstituição natural não é possível, como o não é a tradução em números do volume de dores, angústias e desilusões, o legislador manda logo julgar de acordo com a equidade (cfr. art. 496.º, n.º 3, do Código Civil que remete para o art. 494.º, do mesmo diploma), devendo o juiz procurar um justo grau de «compensação».

Por outro lado, no âmbito dos danos patrimoniais, o recurso à equidade, nos termos delimitados pelo art. 494.º, do Código Civil, significa unicamente possibilitar ao juiz, nos casos em que a actuação

---

([10]) *Ob. cit.*, pág. 372.

([11]) Ou sempre que tal reconstituição não repare integralmente os danos, ou seja excessivamente onerosa para o devedor (cfr. art. 566.º, n.º 1, do Código Civil).

do agente não foi dolosa, fazer baixar o valor da indemnização para um montante inferior ao dos danos.

No que toca, contudo, aos danos não patrimoniais e por força dos motivos já indicados, é o art. 494.º do Código Civil que fornece o critério de estabelecimento da própria indemnização.

Assim, parece-me ser infundada a afirmação de que o referido artigo não indicia, de todo em todo, a atribuição de uma função punitiva à responsabilidade civil extra-obrigacional subjectiva, sendo unicamente um meio de possibilitar ao juiz, nos casos em que o autor do acto ilícito agiu com mera culpa, fixar o valor da indemnização num montante menor do que o correspondente aos danos produzidos.

Pelo menos no que respeita aos danos não patrimoniais, o grau de culpa do agente é determinante para se estabelecer a amplitude da respectiva indemnização, isto é, para poder efectuar o seu cálculo.

Deverá esta importante diferença impedir a indemnizabilidade dos danos morais no campo da responsabilidade civil objectiva, de que tratam os arts. 499.º e segs., do Código Civil?

Nos casos abrangidos pelo art. 500.º, em que o comitente responde pelos danos provocados pelo seu comissário, uma vez que têm de se verificar, neste, obrigatoriamente, todos os pressupostos da responsabilidade civil subjectiva (e que são meros casos de responsabilidade subsidiária), parece ser indubitável que tudo se passa nos mesmos termos já apontados para a responsabilidade civil fundada na culpa, ficando, claro está, o comitente a ter sobre o comissário um direito de regresso pela totalidade dos encargos por si suportados ([12]).

Não existirá a obrigação de indemnizar os danos não patrimoniais, nos casos de responsabilidade pelo risco, em que a ausência de dolo ou de negligência do obrigado à reparação dos danos faz desaparecer um dos elementos básicos do cálculo da indemnização, que é, precisamente, a culpa em sentido amplo?

O Professor Doutor Inocêncio Galvão Telles afirma achar-se o art. 496.º do Código Civil «...inserto nas disposições sobre responsabilidade extraobrigacional por actos ilícitos, sendo extensivo à responsabilidade extraobrigacional pelo risco, em virtude do princípio formulado no art. 499.º» ([13]).

Mas, como compaginar esta afirmação com uma outra, em que o mesmo Professor diz que o art. 496.º, n.º 3, primeira parte, «refere-se privativamente aos danos *não patrimoniais*, estabelecendo o modo de calcular a respectiva indemnização, independentemente de haver motivo para atenuação da respon-

---

([12]) A responsabilidade do comitente, de que nos fala o art. 500.º, do Código Civil, só existe nos casos em que no comissário concorrem todos os pressupostos da responsabilidade civil subjectiva.

Se assim não fosse, estar-se-ia a admitir a responsabilidade objectiva por responsabilidade objectiva, ideia que parece estar afastada da mente do nosso legislador.

Com efeito, dos preceitos que regulam a responsabilidade pelo risco parece decorrer que tem de existir, para que ocorra a responsabilização do comitente, o controlo, ou possibilidade de controlo, por este, da fonte do perigo.

([13]) «Direito das Obrigações — 2.ª edição — pág. 371.

sabilidade. Mesmo que o agente tenha procedido com dolo (ou culpa grave) ou as restantes particularidades não sejam de molde a fazer minorar a responsabilidade, a fixação de indemnização dos danos morais far-se-à sempre em termos equitativos, tendo em conta, não só naturalmente os danos em si (a sua maior ou menor extensão e gravidade), mas também o grau de culpabilidade do agente, a situação económica deste e do lesado e as demais circunstâncias do caso?» [14].

É que, se o grau de culpabilidade do agente tem de ser sempre levado em conta para a fixação da indemnização dos danos morais, tal fixação não poderá ser feita nos casos de responsabilidade pelo risco em que a culpa está ausente.

É também o mesmo Professor quem assevera, ao assinalar a natureza especial que reveste a indemnização dos danos não patrimoniais: «O que se trata, sim, é de impor ao ofensor uma *sanção em benefício do ofendido:* sanção que pela própria natureza das coisas só poderá consistir em facultar a este um substituto pecuniário. Fora das hipóteses em que a infracção cometida tenha também carácter criminal ou disciplinar, e suposto não haver danos patrimoniais, o infractor escaparia a toda e qualquer sanção, sem embargo de lesão causada na esfera pessoal doutrem» [15].

Ora, como falar em *sanção* nos casos em que, como acontece na responsabilidade pelo risco, não

---

[14] «Direito das Obrigações» — 2.ª edição — pág. 373.
[15] «Direito das Obrigações» — 2.ª edição — pág. 370.

existe uma conduta que, a título de dolo ou de mera culpa, possa ser reprovada ao obrigado à indemnização? (¹⁶).

Parece-me, no entanto, que seria levar longe demais estas afirmações do Professor Doutor Galvão Telles, o afirmar, a partir delas, a não indemnizabilidade dos danos não patrimoniais no plano da responsabilidade objectiva e que o seu escopo é apenas o de salientar a especial importância que, quanto àqueles danos, reveste a função punitiva da responsabilidade civil.

Assim, parece-me razoável admitir que o art. 499.º do Código Civil possibilita a reparação da *generalidade* dos danos morais no domínio da responsabilidade pelo risco, nas situações em que a *intenção de punir* não é o único motivo que pode fundamentar a imposição da obrigação de indemnizar.

Nestes casos, em que, no domínio da responsabilidade subjectiva, as funções punitivas e preventiva *concorrem* com uma função compensatória, deve-se entender, por se estar, agora, no da responsabilidade objectiva que o juízo de equidade, através do qual a lei ordena que a indemnização seja calculada, se baseará exclusivamente nos danos em si, na situação económica do lesante e do lesado e nas demais circunstâncias do caso.

Contudo, já não me parece que as coisas se passem desta forma nas situações em que, como

---

(¹⁶) Excepto, como já se disse atrás, nos casos de responsabilidade do comitente pelos actos praticados pelo comissário.

veremos mais tarde, a função punitiva aparece como único fundamento possível para a obrigatoriedade da indemnização.

4. Entrelaçado com a temática que tem vindo a ser abordada, está o problema da hereditabilidade do direito a indemnização por danos sofridos pelo lesado.

Ora, sendo tal direito, um direito patrimonial, que tem por objecto uma prestação em dinheiro, parece não haver qualquer razão para o afastar do regime-regra estabelecido pelo art. 2024.º, do Código Civil, para o âmbito da sucessão.

Todavia, relativamente ao direito a indemnização por danos não patrimoniais, há quem procure, invocando o seu carácter pessoal, excluí-lo do campo sucessório.

Outros buscam, como o faz a legislação alemã, restringir a transmissibilidade por via sucessória do direito a indemnização por essas lesões, aos casos em que, em vida, o lesado já tenha formulado em juízo o respectivo pedido.

Razões poderosas, contudo, se opõem a este entendimento.

Por um lado, no caso de lesões de que ressulta a morte, a não propositura, antes do óbito, da respectiva acção de condenação resultará, as mais das vezes, da impossibilidade física de o fazer.

Com efeito, jazendo num leito de hospital, desde o momento da ofensa até àquele em que sobrevém a morte, difícil será ao ofendido, na maioria dos casos, preocupar-se com a forma de obter o ressarcimento das dores e angústias que, então, o atormentam.

Por outro lado, parece indubitável que, quer derive de danos patrimoniais, isto é, da lesão de interesses avaliáveis em dinheiro quer resulte de danos não patrimoniais, que, como atrás se disse, têm na sua origem a injúria de bens insusceptíveis de quantificação pecuniária, o direito a indemnização tem sempre indiscutível natureza patrimonial e consiste, como igualmente já se afirmou, num direito a uma prestação monetária.

Sendo assim, nada parece justificar, antes pelo contrário, o seu afastamento do regime geral.

Neste sentido, aliás, vão as lições da generalidade dos autores que, sobre o assunto, se pronunciaram.

Assim, o Professor Doutor Adriano Vaz Serra, afirma que o direito à indemnização por danos não patrimoniais deve ser transmissível [17].

Por sua vez, o Professor Doutor Oliveira Ascenção ensina que os direitos a indemnização, que o *de cuius* porventura tenha adquirido, integram o seu património e são objecto de sucessão, o mesmo se passando com a compensação que vise cobrir danos pessoais, como acontece nos casos em que, sendo o *de cuius* mortalmente atingido, a morte não é imediata e ele sofre, antes de morrer [18].

---

[17] Anotação ao Acórdão do S. T. J., de 12 de Fevereiro de 1969 — *B.M.J.*, n.º 184, de Março de 1975 — pág. 176.

[18] «Direito das Sucessões» — Lisboa, 1980 — págs. 83 e 84.

Da mesma forma, o Professor Doutor Nuno Espinosa Gomes da Silva diz ser o direito a indemnização um direito patrimonial, que se traduz numa prestação pecuniária e que se inclui na regra geral da transmissão das relações de natureza patrimonial, trate-se de indemnização por danos patrimoniais, ou por danos morais, uma vez que, em ambos os casos, o direito a indemnização, esse sim, é patrimonial [19].

Também o Professor Doutor Pereira Coelho escreve que o direito de indemnização por danos causados à vítima, antes da sua morte, se transmite aos seus sucessores, desde que ela não tenha renunciado ao direito [20], frizando, posteriormente, que a distinção entre danos patrimoniais e não patrimoniais não tem, para o efeito de saber se os herdeiros do lesado podem ou não intentar a acção de indemnização por danos não patrimoniais, qualquer base legal ou racional [21].

Neste momento, poderá parecer enfadonha, por meramente repetitiva, a reprodução que faço da opinião, sem dúvida bem conhecida de todos, que tão reputados mestres expõem sobre esta matéria.

---

[19] «Direito das Sucessões» — Lisboa, 1980 — págs. 83 e 84.
[20] «Lições de Direito das Sucessões» — 4.ª edição — 1976 — págs. 141 e 142.
[21] «Direito das Sucessões» — Coimbra, 1974 — págs. 56 a 58.

Porém, como mais à frente se verá, é esta questão determinante para se indagar a razão que levou o legislador a criar, no n.º 2 do art. 496.º do Código Civil, um grupo especial de pessoas, que, «por morte da vítima», têm direito a exigir a indemnização dos danos não patrimoniais, afastando, deste modo, o regime normal das sucessões.

A este assunto, primordial para a solução que, sobre os danos não patrimoniais, se entenderá, neste trabalho, ser a consagrada pela nossa lei, se voltará na devida altura, frizando-se, contudo, desde já, que parece não serem as afirmações, acima reproduzidas e repisadas, levadas até às suas últimas consequências, quer pela generalidade da doutrina (inclusive, até, por quem as produz), quer, também, pela jurisprudência.

5. Existem danos não patrimoniais que, pacificamente, a doutrina considera indemnizáveis nos termos do art. 496.º, do Código Civil, discutindo-se apenas a questão de se saber qual o seu posicionamento relativo, dentro dos vários números desse artigo, o que é importante para determinar quem é o titular do direito a exigir a indemnização e a que título ele o é, ou, o que vem a ser o mesmo, para se apurar se o direito é atribuído sempre àquele a quem pertence o interesse directamente violado pela conduta do lesante e, por morte do lesado, se transmite para os seus sucessores (normais ou especiais), ou se, pelo contrário, é conferido a outrem que não ao titular do interesse imediatamente ofendido.

Nesta última hipótese, importante se torna explicar o motivo por que as coisas se passam dessa maneira.

Quais são, pois, os danos que nos termos do art. 496.º, do Código Civil, conferem, indiscutivelmente, um direito a indemnização?

5.1. Em primeiro lugar temos os danos não patrimoniais causados pelo acto ilícito em situações em que o facto do lesante não provoca a morte do lesado.

A sua indemnização vem prevista no n.º 1 do art. 496.º do Código Civil e a determinação de quem a pode exigir não oferece qualquer dificuldade: titular do direito à indemnização é, nestes casos, aquele em cuja esfera jurídica estava integrado o interesse ofendido.

Se o lesado vier a falecer, sem que a sua morte seja uma consequência adequada do acto do lesante o direito (patrimonial) à indemnização transmite-se para os sucessores do primeiro (legais ou testamentários), nos termos gerais do direito sucessório, não me parecendo que exista qualquer razão válida para se afastar o regime geral das sucessões do art. 2024.º e segs., do Código Civil.

5.2. Quando, como consequência adequada do ilícito praticado, ocorre a morte do lesado e este, antes de morrer, sofreu danos não patrimoniais, é hoje doutrina assente que tais danos são indemnizáveis (independentemente, ainda, de se averiguar se a própria morte confere, ou não, por si, um direito a indemnização).

Porém, neste campo, já se discute a questão de saber em que número do art. 496.º, do Código Civil (se no n.º 2, ou no n.º 3), vem previsto tal direito e, no caso de ele não ter sido exercitado pela vítima antes de sobrevir a morte, se, e por quem, poderá ser accionado.

Para alguns autores, é no número 2 do artigo em causa que vem contemplada a indemnização dos danos sofridos pelo lesado antes da morte.

É o caso do Professor Doutor Leite Campos [22], que afirma referir o art. 496.º, n.º 2, do Código Civil apenas o «momento temporal» da abertura da sucessão, após o qual («por morte da vítima»), o direito à indemnização pelos danos morais que esta tenha sofrido, se transfere para as pessoas e pela ordem nele indicados, ao passo que, no número 3 do mesmo artigo, a expressão «no caso de morte» veicula o estabelecimento de uma indemnização pelo próprio «dano de morte» que, igualmente, se irá transmitir para as pessoas indicadas no n.º 2 e ainda pela mesma ordem.

Como explicação da excepção à regra do art. 2133.º, do Código Civil, diz este autor que «A Lei (...) terá entendido que, resultando os danos não patrimoniais de ofensa a bens eminentemente pessoais, não se compreenderia que os herdeiros do

---

[22] «A Indemnização do Dano da Morte», Boletim da Faculdade de Direito — Universidade de Coimbra — Vol. I — pág. 270.

falecido, eventualmente herdeiros testamentários estranhos à família, viessem a beneficiar da indemnização correspondente» ([23]).

Julgo, todavia, não serem estes argumentos procedentes.

Em primeiro lugar, parece-me que a expressão utilizada pelo legislador no art. 496.º, do Código Civil, mais concretamente, no seu n.º 2: «*Por morte da vítima*», refere, ao contrário do que afirma o Professor Doutor Leite Campos, um elemento causal, no sentido de que o motivo que conduz o legislador a criar, nesse mesmo número, aquilo a que o Professor Doutor Leite Campos chama «uma ordem sucessória necessária», diversa da prevista no art. 2133.º, do Código Civil, é, precisamente, o facto de ter ocorrido a morte do lesado.

Também não convence, como explicação para o desvio à «ordem sucessória» normal, a argumentação utilizada.

De facto, em nada repugna que sejam herdeiros testamentários e não os herdeiros legais quem, por vontade expressa do «*de cuius*» ([24]), venham a beneficiar da indemnização correspondente aos danos não patrimoniais resultantes da ofensa de interesses «eminentemente pessoais».

Se o *de cuius* afasta, por testamento, no todo ou em parte, os seus herdeiros legítimos, em favor de terceiros estranhos à família, é porque deposita

---

([23]) *Ob. cit.*, mesma página.
([24]) No sentido de que o herdeiro testamentário o é por vontade expressa do *de cuius*.

nestes uma maior confiança, ou porque, de qualquer modo, se sente a eles ligado por laços mais fortes do que os que o unem aos seus familiares.

Não se vê, pois, razão para a reserva exposta pelo Professor Doutor Leite Campos, o qual (que reconhece que o dano da morte e os restantes danos não patrimoniais resultantes do acto ilícito são realidades distintas) ([25]) conclui que a referência ao próprio facto da morte, ao dano considerado enquanto tal, é feita no n.º 3 do preceito que tem vindo a ser analisado ([26]).

Ora, são também do Professor Doutor Leite Campos as seguintes palavras:

«Mas, se tomarmos o exacto momento de morte, decomposto até à mais ínfima parcela, das duas uma, ou ainda existe vida, ou já não existe. Se existe, ainda não é morte. Se não existe, já não é vida» ([27]).

Estou de acordo com esta conclusão, formulada, aliás, com inegável clareza e que me conduz directamente a um argumento, que, embora de carácter literal, me parece relevante para o efeito de contrariar a asserção de que o «dano-morte» vem previsto no n.º 3 do art. 496.º do Código Civil. É que este número refere «... danos não patrimoniais *sofridos* pela vítima» e, levando até às suas últimas consequências a afirmação do Professor Doutor Leite Campos (com a qual, repito, concordo inteiramente),

---

([25]) *Ob. cit.*, págs. 279 e 280.
([26]) *Ob. cit.*, pág. 271.
([27]) *Ob. cit.*, pág. 290.

de que a morte só surge quando a vida se extinguiu, o «dano-morte» nunca poderá ser *sofrido* pela vítima. Poderá sê-lo a previsão da morte, mas não esta.

Outras razões, mais importantes, me levam a pensar que é no n.º 2 do artigo em causa que se contempla, em si mesma, como prejuízo autónomo, a lesão do direito à vida. Porém, a respectiva exposição e fundamentação será feita mais à frente.

5.3. Finalmente, como danos também indiscutivelmente indemnizáveis, vêm os indicados na parte final do n.º 3 do art. 496.º, do Código Civil, isto é, «...os sofridos pelas pessoas com direito a indmnização nos termos do número anterior». Estabelece-se, pois, neste preceito, que as pessoas referidas no número 2 do mesmo artigo têm o direito a serem compensadas dos danos morais que elas mesmas hajam sofrido com a morte do seu familiar.

Simplesmente, contra a opinião que me parece dominante na doutrina e que simbolizo no Professor Doutor João de Matos Antunes Varela, que afirma ter também de ser respeitada, quanto a estes danos, a ordem estabelecida pelo n.º 2 do art. 496.º, do Código Civil [28], penso que nada obriga a que tal ordem seja aqui acatada, limitando-se o referido n.º 3 a determinar que as pessoas mencionadas no n.º 2 da mesma disposição legal têm um direito pró-

---

[28] «Das Obrigações em Geral» — 2.ª edição — pág. 494 — É contudo, de realçar que a letra da lei comporta, sem esforço, o entendimento que afasto.

prio a serem indemnizadas dos danos morais que hajam pessoalmente sofrido.

Não me parece fazer sentido afirmar-se que a lei faz depender a possibilidade de accionamento de um direito subjectivo pelo seu titular, atribuído em função de um seu interesse, do exercício, ou não, por outras pessoas, de um direito que a estas pertence.

Reforça esta ideia o facto de a dor, sofrida por um familiar afastado do morto, poder ser muito mais intensa do que a sentida por um parente chegado. Desde que o primeiro seja uma das pessoas indicadas no art. 496.º, n.º 2, do Código Civil e tenha padecido com a morte da vítima, deverá poder exigir a indeminzação, independentemente do seu posicionamento relativamente às restantes pessoas contempladas pelo citado artigo e número.

II

O «DANO-MORTE»

6. O problema que a seguir se coloca é o de saber se a nossa legislação civil consagra, ou não, o direito a indemnização decorrente do próprio dano da morte, isto é, se a lesão do bem vida, constitui ou não o lesante na obrigação de indemnizar, compensar ou, por qualquer outra forma, reparar, a lesão praticada, *maxime*, nos casos em que esse prejuízo é o único dano não patrimonial sofrido pela vítima, em virtude de a morte ter sido instantânea.

A este respeito, há quem afirme que tal situação não é possível, dado que, entre o momento da ofensa e o da morte, existe sempre, dizem, uma fracção de segundos, durante a qual o lesado tem consciência da lesão, sofre a dor, sente a angústia, antevê a morte.

É possível, porém, configurar exemplos em que tal instante intermédio não parece existir, o que deita por terra a teoria arquitectada pelos que assim pensam.

Exemplo clássico será o do enfermo, que, tendo sido sujeito a uma intervenção cirúrgica debaixo de anestesia geral, morre durante a operação, por negligência da equipa médica.

Neste caso, o único dano não patrimonial que ocorre é o da privação do direito à vida e surge o problema de se saber se ele é, ou não, indemnizável, reparável ou compensável.

Não há, todavia, razão para colocar esta dúvida somente nestes casos extremos.

De facto, sempre que, como consequência adequada da conduta ilícita, aconteça a morte do lesado, levanta-se a questão de saber se o «dano-morte» é, em si, um prejuízo indemnizável, por forma autónoma e que se vai somar aos restantes danos não patrimoniais que a vítima haja, porventura, sofrido e que vai influir, como é evidente, no cálcudo do montante a desembolsar pelo lesante.

Actualmente, a maioria, quer da doutrina, quer da jurisprudência, inclina-se para a afirmativa, mas continuam a altear-se vozes discordantes deste entendimento, pertencentes a respeitados autores.

Será por esta posição, hoje minoritária, que vou começar a descrição, com que pretendo fazer o ponto da actual situação doutrinária e jurisprudencial do problema.

6.1. A posição que nega que o «dano-morte» seja indemnizável pode ser representada pela opinião do Professor Doutor Oliveira Ascenção, o qual, depois de identificar e localizar o problema, afirma categoricamente: «a outorga de uma indemnização pela morte, parece-nos inadmissível à luz dos princípios, dos interesses e da lei» (29).

Seguidamente, o citado Professor explana as razões da sua asserção: «I — à luz dos princípios, é insanável a contradição que consiste em considerar facto aquisitivo de um direito o próprio facto extintivo da capacidade de adquirir do *de cuius* — a morte.

(...) II — à luz dos interesses, semelhante teoria subverte as bases da responsabilidade civil. A responsabilidade civil não existe para castigar o infractor, ou só casualmente tem este consequência...» (30).

Da leitura dos trechos acima transcritos conclui-se que o Professor Doutor Oliveira Ascenção, negando qualquer função punitiva à responsabilidade civil (a não ser como consequência meramente casual), recusa, do mesmo passo, a atribuição, seja a que título for, de uma indemnização pela própria morte da vítima.

Porém, mais à frente, nas mesmas lições, pode-se ler: «O art. 496.°/2 não diz quem adquire, por sucessão, o direito de indemnização que cabe ao lesado por sua morte. Diz que esse direito cabe aos vários familiares que refere. Há um direito próprio que lhes é atribuído, em consequência de um dano não patrimonial que não podia deixar de ser contemplado por lei. A função do preceito é a de regular a legitimidade para a exigência de indemnização no caso de pluralidade de familiares. Mas de modo

---

(29) «Direito das Sucessões» — Lisboa, 1980 — págs. 86 e 87.
(30) *Ob. cit.,* págs. 87 e 88.

algum se cria uma hierarquia sucessória anómala, pois não há nenhuma transmissão *mortis causa* do direito à indemnização» ([31]).

Desta passagem, e do que anteriormente já afirmara, pode nascer a impressão de que o autor, negando embora a transmissibilidade por via sucessória do direito à indemnização pelo próprio facto da morte, dado que tal direito nunca teve, quanto ao *de cuius*, suporte jurídico, uma vez que surge após a sua morte, reconhece, contudo, que ele pode ser atribuído *ex-novo*, às pessoas indicadas no art. 496.º, n.º 2, do Código Civil.

Contudo, um pouco mais adiante, o Professor Doutor Oliveira Ascenção diz: «...seria necessário que a lei impusesse categoricamente a ressarcibilidade da perda do direito à vida. Como a lei o não faz, falta base para a considerar admitida» ([32]), o que nos reconduz à primeira conclusão a que havíamos chegado: a de que o ilustre Professor nega, totalmente e seja a que título for, a possibilidade de indemnizar a violação do próprio direito à vida.

Esta conclusão é de uma lógica irrefutável, para quem, como o Professor Doutor Oliveira Ascenção, negue a função punitiva da responsabilidade civil ([33]).

([31]) *Ob. cit.*, pág. 89.
([32]) *Ob. cit.*, pág. 90.
([33]) Fica, no entanto, por explicar a redacção dos n.ᵒˢ 2 e 3 do art. 496.º, do Código Civil, pois, se um destes números não está a prever a indemnização do próprio «dano-morte», existe neles uma inexplicável repetição de previsões.

Mais adiante, quando considerar chegada a altura de arriscar uma tomada de posição, voltarei a este tema.

6.2. Quanto à atitude assumida pela jurisprudência, após a entrada em vigor do novo Código Civil, há a distinguir duas fases, que se recortam com nitidez:

Antes do Acórdão do Supremo Tribunal de Justiça de 17 de Março de 1971, assistiu-se a um período de decisões contraditórias, afirmando umas que a lesão do direito à vida criava, autonomamente, uma obrigação de indemnizar, negando outras tal consequência.

Nesta última direcção, pode ler-se, nas conclusões do Acórdão do Supremo Tribunal de Justiça de 12 de Fevereiro de 1969, que o art. 496.º, do Código Civil admite a existência de dois danos não patrimoniais, um sofrido pela própria vítima e outro pelos seus familiares com direito a indemnização e que o mesmo artigo não funda o direito a indemnização no facto da supressão da vida, mas no sofrimento sentido pelos titulares do direito à indemnização e, ainda, que se o art. 496.º, n.º 2, considerasse que os danos não patrimoniais sofridos pela vítima se traduziam na supressão do bem da vida e do correlativo direito à vida, teria que ordenar que os mesmos fossem sempre considerados e não falaria em danos mas sim em dano [34].

---

[34] *B.M.J.*, n.º 184 — Março de 1969 — págs. 151 e segs.

Quanto ao facto de a lei não ordenar que a morte seja sempre, em si, indemnizável, considero que seria preferível que ela o fizesse expressamente, mas não acho impeditivo da sua consideração o simples facto de ela o não fazer.

Quanto ao emprego da expressão «*danos patrimoniais*», aí sim, julgo fundada a objecção do douto Acórdão, não me parecendo que possa existir outra explicação que não seja a do emprego do plural ser, como aliás acontece, como veremos mais adiante, com outra fórmula utilizada no n.º 2 do art. 496.º, uma injustificada remanescência da sua primitiva redacção.

A não se aceitar que existe aqui apenas um errado emprego do plural, seremos obrigados a aceitar a existência de um erro, mais grave: o de que o legislador está apenas a repetir no n.º 3, do artigo, o que já havia afirmado no seu n.º 2.

Mas, deixemos por agora este assunto que, mais tarde, será repegado.

A segunda fase inicia-se em 17 de Março de 1971, quando o Supremo Tribunal de Justiça proferiu um Acórdão que, por ter tido, nos termos do art. 728.º, n.º 3, do Código de Processo Civil, a intervenção de todos os seus juízes, em reunião conjunta de Secções, é considerado, na expressão feliz do Professor Doutor João de Castro Mendes, um «precedente persuasivo», que, apesar de se não tratar de um Assento, veio provocar um fenómeno de relativa uniformização das decisões dos nossos tribunais sobre esta matéria ([35]).

Dada a importância que este Acórdão teve para a problemática dos danos não patrimoniais e entendendo, com o devido respeito, que ele contém, quer quanto a algumas conclusões a que chega, quer na respectiva fundamentação, afirmações altamente discutíveis, irei deter-me sobre ele e tecer algumas considerações críticas.

Com efeito, na fundamentação da decisão, pode ler-se a certo passo: «...Não pode haver dúvida de que, no momento em que o autor material da lesão iniciou a sua acção ilícita, a vítima estava viva. A criação, o aparecimento da obrigação, ocorre nesse preciso momento» ([36]). E, mais à frente: «o direito à indemnização naqueles fugazes instantes que medeiam entre a causa e o efeito, integra-se no patri-

---

([35]) A título de exemplos podem-se citar os Acórdãos do S.T.J., de 16 de Março de 1974, publicado no *B.M.J.*, n.º 225, págs. 216 e segs., em cujas conclusões se afirma: «...IV — A lesão do direito à vida obriga o responsável a indemnizar os danos a ela inerentes, integrando-se a reparação no património da vítima e transmitindo-se com a morte desta, imediata ou não...», e o de 13 de Novembro de 1974, publicado no *B.M.J.*, n.º 241, págs. 204 e segs., em que, igualmente nas conclusões, se afirma: «I A perda do direito à vida é passível de reparação pecuniária, sendo a obrigação gerada pela acção ou omissão de que a morte resultou — II O direito a essa reparação transmite-se, com a morte da vítima, às pessoas indicadas no n.º 2, do art. 496.º, do Código Civil.»

([36]) *B.M.J.*, n.º 205, pág. 161.

mónio da vítima, e com a morte desta mantém-se e transmite-se» (37).

São estas afirmações que vão permitir aos doutos Juízes Conselheiros considerar que o direito à indemnização vai ainda integrar o património da vítima e, por sua morte, transmitir-se por via sucessória.

Ora, parece-me de todo em todo reprovável o dizer-se que a obrigação de indemnizar, que tem por fonte a responsabilidade civil extra-obrigacional subjectiva, já existe num momento em que ainda não está presente um dos pressupostos essenciais dessa mesma responsabilidade: o dano!

Só após a morte, isto é, só depois de estarem presentes todos os pressupostos que o art. 483.º do Código Civil fixa para a fonte de que decorre a obrigação, é que se pode falar da existência desta.

Proceder de outro modo, para forçar a integração dos factos na previsão normativa, parece-me ser um grave erro de técnica jurídica, que se não pode de forma alguma admitir.

Criticável me parece também ser, como decorre de afirmações já atrás produzidas, o dizer-se que a morte nunca é clinicamente instântanea, porque «há sempre um período, mais ou menos longo (...) em que o sangue ainda circula, em que o cérebro ainda sente, em que, portanto, a vida ainda existe no corpo destroçado da vítima» (38), momento du-

---

(37) B.M.J., n.º 205, pág. 161.
(38) B.M.J., n.º 205, pág. 162.

rante o qual o lesado sofre os danos não patrimoniais de uma dor intensa e da previsão da morte.

É que, por muito bela que seja a forma que indiscutivelmente reveste a descrição, não deixam, por esse facto, de existir situações que a desmentem ([39]).

6.3. Hoje, a maioria da doutrina nacional inclina-se a aceitar que a morte é, em si, uma lesão autonomamente indemnizável, quer, portanto, se tenham, ou não, produzido outros danos.

Se, após ter sofrido dores físicas e angústia pela sua sorte e pela dos seus familiares, a vítima vem a falecer, deve-se, no cálculo do montante indemnizatório, entrar em linha de conta com estas diversas realidades, somando à indemnização pelos restantes danos não patrimoniais, aquela que resulta da violação do próprio direito à vida.

Se, acaso, a morte foi a única lesão, não se conseguindo provar a existência de outros prejuízos não patrimoniais, terá o simples facto de se ter lesado culposamente o mais importante bem da personalidade o efeito de constituir o lesante na obrigação de reparar o mal causado.

([39]) Como no exemplo, *supra* citado, do paciente que morre sob anestesia geral, na mesa de operações.

Aliás, mesmo que a afirmação correspondesse inteiramente à realidade, ela seria irrelevante, pois sempre ficaria de pé o problema de se saber se, para além dos danos não patrimoniais sofridos pela vítima nesse breve instante, haveria de ser levado em conta um outro, resultante da lesão do direito à vida.

Para o afirmar, várias são as razões aduzidas pelos diversos autores.

Assim, o Professor Doutor Antunes Varela diz: «...nada impede, (...) que o julgador tome em linha de conta, (...) a perda da vida da vítima. Entre os danos morais sofridos pelos familiares (...) haverá realmente que contar as mais das vezes com o dano moral que, no plano afectivo, pode causar aos familiares a falta do lesado, quer esta proceda de morte instântanea quer não...» ([40]).

Salvo o devido respeito, não me parece ser esta a melhor argumentação para defender a autonomia da indemnização do «dano-morte».

Com efeito, «a falta do lesado» sentida pelos seus familiares é um dano não patrimonial próprio destes e que sempre será reparável, nos termos da parte final do n.º 3 do art. 496.º do Código Civil. O problema que interessa resolver, esse sim, é o de saber se a destruição culposa do bem-vida é, em si e por si, fonte autónoma de uma obrigação de indemnizar e a esta pergunta não responde a argumentação expendida pelo ilustre mestre.

Melhor me parece a fundamentação adiantada pelo Professor Doutor Adriano Vaz Serra, que, na sua Anotação ao Acórdão do Supremo Tribunal de Justiça de 12 de Fevereiro de 1969, diz a dado passo: «...seria estranho que a situação dos sucessores fosse pior e melhor a do lesante, quando o facto danoso tenha causado a morte imediata do lesado, isto é,

---

([40]) «Das Obrigações em Geral» — 2.ª edição — Vol. I — pág. 494.

que dependesse dessa circunstância o direito dos herdeiros e a responsabilidade do lesante (este ficaria em melhor situação precisamente quando o seu acto foi mais grave),...» ([41]).

Como bem ensina o Professor Doutor Inocêncio Galvão Telles, «...há dano não patrimonial sempre que é ofendido, efectivamente, um bem imaterial, como a integridade física ou a vida, ainda que essa ofensa não seja acompanhada, subjectivamente, do sofrimento» ([42]).

Mais à frente, ao definir a posição adoptada, regressarei a esta matéria, mas por agora, sigamos em frente...

Dentro desta corrente amplamente maioritária, que defende a reparabilidade autónoma do «dano-morte» ([43]), existe, contudo, grande contenda, à volta do problema de se saber a quem pertence (e a que título) a titularidade do direito de exigir a respectiva reparação, encontrando-se os autores que a admitem divididos em duas orientações principais:

— Para uns, trata-se de um direito que ainda se integra no património do *de cuius* e que, por

---

([41]) «Revista de Legislação e de Jurisprudência» — n.º 3416 — pág. 175.

([42]) «Direito das Sucessções — Noções Fundamentais» — 3.ª edição — pág. 86.

([43]) Nesta corrente integram-se, entre outros, os seguintes autores: — Professor Doutor João de Matos Antunes Varela, Professor Doutor Adriano Vaz Serra, Professor Doutor Inocêncio Galvão Telles, Professor Doutor Nuno Espinosa Gomes da Silva, Professor Doutor F. M. Pereira Coelho e Professor Doutor Diogo Leite Campos.

morte deste, se transmite, por via sucessória especial, para as pessoas indicadas no n.º 2 do art. 496.º, do Código Civil.

— Para outros, as coisas passam-se de maneira diferente, sendo tal direito atribuído direcmente aos familiares mencionados naquele artigo e número.

6.4. Os autores que se incluem na primeira corrente indicada diferem, todavia, no que respeita às razões por que consideram que o direito à indemnização originado pela própria morte da vítima se vai, ainda, integrar no seu património.

6.4.1. Para o Professor Doutor Inocêncio Galvão Telles «...o momento da morte é o último momento da vida. Se pois um direito nasce ao tempo da morte, pode ainda ser adquirido pelo que falece, ingressando na sua esfera jurídica. Para alguém adquirir um direito *inter vivos* não é necessário que sobreviva ao facto determinante da aquisição: basta que ainda exista quando este se dá e entende-se que existe se o facto é contemporâneo da morte, se coincide cronologicamente com ela» ([44]).

Ora, parece-me que o momento da morte é, logicamente, o primeiro momento após a vida, pois só surge quando esta se extinguiu.

Além disso, ainda num plano lógico, o direito à indemnização só aparece num instante imediata-

---

([44]) «Direito das Sucessões — Noções Fundamentais» — 3.ª edição — pág. 86.

mente posterior ao da morte e, portanto, quanto ao presumido *de cuius,* quando já não existe um titular para tal direito, isto é, quando já não há um suporte jurídico para ele.

Como diz o Professor Doutor Nuno Espinosa Gomes da Silva, «A morte é morte, a vida é vida e por isso, o momento da morte já não pode estar na vida: o momento da morte é o *primeiro,* depois do *último* momento da vida» ([45]).

6.4.2. Na tentativa de evitar este escolho, o douto Acórdão do Supremo Tribunal de Justiça, de 17 de Março de 1971, faz coincidir o momento do nascimento da obrigação de indemnizar a morte do lesado com o da prática da acção ou omissão de que ela vai resultar, antes, como vimos, de se ter produzido o dano.

É caso para se afirmar ser pior a emenda de que o soneto, mas, como já atrás procurei demonstrar o vício de que esta posição enferma, não vou, agora, voltar ao assunto.

6.4.3. Depois de criticar a posição defendida pelo Professor Doutor Galvão Telles, bem como a do Acórdão que acabámos de referir, procura o Professor Doutor Diogo Leite Campos, no seu estudo sobre esta matéria, explicar com é que alguém pode, ainda em vida, adquirir um direito «pela sua própria

---

([45]) «Direito das Sucessões» — Lisboa, 1978 — pág. 76.

morte», apresentando para este efeito duas construções. Oiçamos sobre elas o seu autor:

6.4.3.1. «A seguir ao acto ilícito verifica-se um dano, em que ainda não é a morte. Mas é um dano que virtualmente conduzirá à morte, contendo, se quisermos, a morte em potência, é como que um primeiro passo ou uma antecipação desta.
Nasceria, portanto, desde logo, um direito de indemnização pela morte, direito este sujeito, porém, à condição suspensiva da verificação da morte.
(...) É a própria lei que prevê a possibilidade de indemnizar danos futuros, danos ainda não produzidos — veja-se o n.º 2, do art. 564.º» ([46]).

Assim faço, e concluo da leitura no n.º 2 do art. 564.º, do Código Civil, estar o Professor Doutor Leite Campos a partir de uma concepção errada de dano futuro.

Com efeito, se reportarmos, como ele o faz, a futuridade do dano ao momento da prática do acto ilícito, todos os danos serão futuros, não existindo danos presentes.

Como resulta, no entanto, claramente, do art. 564.º, n.º 2, do Código Civil, é pelo momento da apreciação pelo tribunal, e não pelo da acção ou omissão lesiva, que se deve aferir o carácter presente ou futuro dos prejuízos.

([46]) «A Indemnização do Dano Morte» — Universidade de Coimbra — Boletim da Faculdade de Direito — Vol. I — págs. 291 e 292.

Se assim não fosse e dado o que estatui o art. 276.°, do Código Civil, sobre a retroactividade da condição, (preceito que, por força do art. 295.°, do mesmo diploma, é aplicável aos actos jurídicos), seria viável a construção montada pelo Professor em questão.

Porém, uma correcta noção de danos futuros não permite que tal edificação se mantenha de pé.

6.4.3.2. O mesmo autor aponta, porém, uma outra via de resolver o problema, dedicando-a aos que insistem em ter o direito de indemnização de nascer após ter morrido o titular do direito lesado.

É esta, segundo afirma o próprio, a concepção preferida pelo Professor Doutor Leite Campos, que diz: «A defesa da personalidade jurídica exige uma apertada tutela do direito à vida. Esta tutela acarreta a obrigação de indemnizar pela sua lesão. O respectivo direito deverá ser, na ordem natural das coisas, adquirido pelo próprio lesado. E porque não mesmo depois da morte?» [47].

Ora, penso ser indiscutível que, verificada a morte, se extingue a personalidade jurídica, como afirma o n.° 1 do art. 68.° do Código Civil e, concomitantemente, a capacidade para adquirir direitos, sejam eles quais forem!

E, como o Professor Doutor Leite Campos, aliás, reconhece, não há suporte legal que possa levar a admitir a continuação da personalidade [48], apesar de

---

[47] *Ob. cit.*, pág. 296.
[48] *Ob. cit.*, pág. 296.

uma certa ambiguidade do art. 71.º, n.º 1, do Código Civil, cuja infeliz redacção pode levar a pensar (como afirmava o Professor Doutor Dias Marques, nas suas aulas da cadeira de Introdução ao Estudo do Direito, em 1967/68) que os direitos da personalidade subsistem após a morte do respectivo titular, quando o que a lei pretende afirmar é, tão somente, que dispensa protecção à reputação das pessoas já falecidas.

É por isso que o n.º 2 do art. 71.º, do Código Civil, vem conferir aos familiares e herdeiros do morto um direito originário, que visa tutelar o interesse moral que eles têm em proteger a reputação daquele.

6.5. Demos agora a vez a quem acha preferível considerar ser o direito a indemnização pelo facto da morte da vítima, um direito atribuído, *ex-novo*, às pessoas indicadas no n.º 2 do art. 496.º, do Código Civil ([49]).

Neste sentido, lecciona o Professor Doutor Nuno Espinosa Gomes da Silva: «Assim, o n.º 2 do artigo teria a finalidade de marcar que, por morte da vítima, o direito à indemnização por danos não patrimoniais *cabe* (é a própria expressão da lei) ao côn-

---

([49]) É esta por exemplo, a posição que, em «Das Obrigações em Geral», é assumida pelo Professor Doutor Antunes Varela, bem como é a tomada, em «Direito das Sucessões» — Coimbra, 1974, pelo Professor Doutor Pereira Coelho.

Também o Professor Doutor Nuno Espinosa Gomes da Silva tende a aceitá-la em «Direito das Sucessões» — Lisboa, 1978.

juge e parentes, *iure proprio,* não se verificando qualquer transmissão hereditária;» ([50]).

Este Professor, porém, afirma não ter o assunto suficientemente amadurecido, de maneira a pronunciar-se com um mínimo de convicção ([51]).

Também o Professor Doutor Antunes Varela exprime opinião semelhante, dizendo que, «...no caso de a agressão ou lesão ser mortal, toda a indemnização correspondente aos danos morais (quer sofridos pela vítima, quer pelos familiares) cabe, não aos herdeiros por via sucessória, mas aos familiares por direito próprio, nos termos e segundo a ordem do disposto no n.º 2, do art. 496º» ([52]).

Para produzir estas asserções o referido Professor alicerça-se, basicamente, no elemento histórico de interpretação, o qual, com efeito, lhe é favorável, dado que, como veremos mais tarde, quer no Anteprojecto, quer no texto saído da 1.ª revisão ministerial, se fazia referência expressa à transmissão por via sucessória, tendo essa referência desaparecido quando da 2.ª revisão ministerial.

A mesma solução é, ainda, perfilhada entre nós pelo Professor Doutor Pereira Coelho que, a este respeito, escreve como segue: «o direito de indemnização dos danos não patrimoniais sofridos pela vítima não se transmite *iure hereditario* às pessoas mencionadas no art. 496.º, n.º 2, mas pertence-lhes

---

([50]) «Direito das Sucessões» — Lisboa, 1978 — pág. 82.
([51]) *Ob. cit.,* mesma página.
([52]) «Das Obrigações em Geral» — 2.ª edição — Vol. I — pág. 82.

iure proprio como lhes pertence *iure proprio* o direito de indemnização dos danos não patrimoniais que a morte da vítima pessoalmente lhes causou.

É este o modo como hoje nos inclinamos a ler a lei» ([53]).

Chama ainda o Professor Doutor Pereira Coelho a atenção, para o interesse prático que decorre da questão de saber se o direito a indemnização é um direito próprio das pessoas indicadas no n.º 2 do art. 496.º, do Código Civil, ou se, antes pelo contrário, se trata de um direito que, por via sucessória, recebem do *de cuius*.

No primeiro caso, a indemnização não é um bem da herança e, como tal, não responde pelos encargos da mesma (cfr. 2071.º, do Código Civil); no segundo, tratando-se de um bem que integra o património hereditário, já responde por esses encargos.

Além disso, parece-me, também poderá variar consoante o título por que se tem o direito, a quantia que cada uma das pessoas mencionadas no preceito que se está a examinar tem a receber.

Na realidade, no caso de se tratar de um direito próprio dessa pessoas, o montante da indemnização atribuída será dividido, em partes iguais, pelos que integram as categorias indicadas no n.º 2 do art. 496.º, do Código Civil.

Porém, se se tratar de um direito herdado do *de cuius*, será a divisão feita nos termos previstos

---

([53]) «Direito das Sucessões» — Coimbra, 1974 — pág. 65.

no Livro das Sucessões, o que, como se sabe, poderá conduzir a resultados diferentes.

É que, neste último caso, deverá considerar-se que os referidos artigo e número apenas estabelecem uma ordem sucessória diferente da comum, (da prevista no art. 2133.º, do Código Civil), não havendo, no entanto, razão para não se respeitar, em todos os outros aspectos, o regime sucessório normal.

III

CONCLUSÕES

7. E eis, finalmente, chegado o momento de formular a concepção que prefiro e que me parece estar consagrada na lei, bem como a respectiva fundamentação.

Em primeiro lugar, vou cuidar do problema de saber se o «dano-morte» é, ou não, em si, indemnizável. Seguidamente irei referir-me à determinação da titularidade do respectivo direito.

7.1. Um argumento utilizado, para refutar a possibilidade de admissão da indemnização pelo «dano-morte», consiste em se afirmar que, tendo a responsabilidade civil uma função meramente reparatória e não havendo possibilidade de a morte ser indemnizada (ou, sequer, compensada, no sentido exposto no princípio deste trabalho), não caberia falar-se na reparação de tal dano.

Esta afirmação implica que, como afirma o Professor Doutor Oliveira Ascenção, se considere a função punitiva excluída da responsabilidade civil [54].

---

[54] Cfr. *supra*, n.º 6.1.

Como oportunamente referi, penso que, a aceitar-se tal proposição, é inatacável, *de jure constituendo*, a posição assumida por este Professor ([55]).

É que, de facto, estando a vítima morta, não se poderá dizer que a indemnização que vem a ser atribuída tem por função reparar o dano por ela sofrido, pois, quanto ao morto, já nada lhe é reparável ou compensável.

Penso, no entanto, poder-se assegurar que o que a Ordem Jurídica visa, nestes casos, não é a indemnização da lesão ou a compensação do lesado, mas sim a *punição* do facto lesivo e a prevenção de futuras lesões.

Reconheço, porém, ser este um assunto que exigiria uma investigação autónoma, que não cabe no âmbito deste trabalho.

Por esse motivo, farei somente uma breve abordagem de tão espinhoso tema, servindo-me para o efeito do que sobre o assunto afirmam alguns autores e, ainda, de algumas pistas que a lei parece fornecer.

A função punitiva da responsabilidade civil extraobrigacional, fundada na culpa, decorre, segundo creio, do próprio art. 483.º, do Código Civil.

É que, no domínio desta responsabilidade e para que exista a obrigação de indemnizar, é necessário que tenha sido cometida uma acção ou omissão ilícita, isto é, contrária à Ordem Jurídica e produtora de um dano.

([55]) De jure constituto, sempre restaria, pelo menos, a dificuldade apontada na nota (33) deste trabalho.

Tal contrariedade vai legitimar que a mesma Ordem Jurídica emita, acerca da conduta do agente, um juízo de reprovação, nos casos em que ele, por conhecer, ou poder conhecer, a ilicitude da sua própria actividade e sendo-lhe possível pautar tal conduta por esse conhecimento, se apropria do desvalor objectivo do facto, que, então, se transforma, igualmente, num desvalor do agente, ou, o mesmo é dizer, nos casos em que o agente tenha procedido com culpa.

Num Direito Privado como o nosso, tal como acontece no campo dos contratos, também no domínio da responsabilidade civil, tem sido considerada fundamental a ideia da liberdade dos sujeitos individuais.

É por se considerar que são livres que eles são responsabilizados pelos danos resultantes das condutas reprováveis que livremente adoptam, existindo pois, desde logo, um juízo ético com a inerente carga punitiva.

É a partir desta valoração negativa dos comportamentos danosos livremente assumidos que se impõe aos respectivos culpados que reparem os interesses privados ofendidos pela sua actuação ilícita e culposa.

Apesar da ideia de socialização dos riscos, que preside à responsabilidade objectiva, estar paulatinamente a fazer o seu caminho, afastando progressivamente o entendimento acima indicado, este parece-me ser, ainda hoje, o núcleo principal, à volta do qual gira a responsabilidade civil.

Assim, o juízo de reprovação formulado pela Ordem Jurídica funda-se, como ensina o Professor Doutor Pessoa Jorge, por um lado, no valor social da conduta devida e, por outro, na violação *voluntária* de um dever.

E o art. 483.°, do Código Civil, ao impor ao lesante o dever de indemnizar os danos causados, está não só a zelar pelos interesses privados em jogo (que são tutelados pela Ordem Jurídica, por corresponderem a interesses mais gerais da sociedade), como a punir a violação voluntária de um dever por ela imposto.

Reforça esta ideia o facto de o art. 494.° do Código Civil vir permitir a redução da indemnização, nos casos em que o autor da lesão tenha agido sem dolo, pois demonstra que não é só a extensão do prejuízo que determina o valor da indemnização e esta tem outras funções além da reparação.

É ainda o Professor Doutor Pessoa Jorge quem afirma que a responsabilidade civil conexa com a responsabilidade criminal exerce as funções *punitiva,* reparadora e preventiva, *com primazia da primeira,* enquanto na responsabilidade meramente civil, a função principal é a reparadora, estando as outras duas funções presentes, mas assumindo, então, um carácter secundário ([56]).

Ora, acontece que a esmagadora maioria dos casos que se enquadram na previsão dos n.ᵒˢ 2 e 3 do art. 496.°, do Código Civil, isto é, das situações

---

([56]) «Lições de Direito das Obrigações» — 1967 — pág. 506 a 510.

em que, como consequência adequada do *acto ilícito* resulta a morte de uma pessoa, se configuram como casos de responsabilidade civil conexa com a responsabilidade criminal.

Com efeito, presentes todos os pressupostos da responsabilidade civil fundada na culpa e não existindo uma causa de justificação ou uma causa de escusa, a conduta do agente preencherá, o mais das vezes, ou o tipo de crime de homicídio voluntário, ou o de homicídio involuntário.

Assim sendo, estaremos frente a casos de responsabilidade civil conexa com a responsabilidade criminal, em que o Professor Doutor Pessoa Jorge afirma ser *primacial* a função punitiva da responsabilidade civil.

Aliás, nos casos em que a obrigação de indemnizar resulta da prática de um crime, parece decorrer da própria lei, mais concretamente do art. 34.º e § 2.º, do Código de Processo Penal, a função sancionatória da indemnização a atribuir.

De acordo com o corpo do referido preceito, o juiz deverá, no caso de condenação (e só neste), arbitrar uma indemnização por perdas e danos, *ainda que a mesma não tenha sido requerida*.

Por outro lado, o § 2.º, do mesmo art. 34.º, manda atender, na determinação do quantitativo de tal indemnização à gravidade da infracção praticada.

Destas disposições retira o Professor Doutor Figueiredo Dias [57], na esteira de Ferri, a conclu-

---

[57] «Sobre a reparação de perdas e danos arbitrada em Processo Penal» — Coimbra — 1967.

são de que a reparação civil arbitrada no processo penal reveste natureza penal.

Em idêntico sentido, de acordo com o citado Professor, vão os ensinamentos orais do Professor Doutor Eduardo Correia e também no que respeita à jurisprudência, tem sido este o entendimento dominante ([58]) ([59]).

([58]) Cfr. Acórdão do S.T.J., de 10 de Maio de 1955 — B.M.J., n.º 49 — pág. 323, e Acórdão do S.T.J., de 29 de Novembro de 1905 — n.º 52 — pág. 577.

([59]) Penso não ser correcta a afirmação de que a reparação de perdas e danos arbitrada em Processo Penal tem uma natureza e função penais.

Assim sendo, a argumentação expendida, acima, visa apenas chamar a atenção para o facto de ser tão nítida, nestes casos, a função punitiva da responsabilidade civil que até existem autores que são levados a afirmar a sua natureza penal.

Com efeito, considero que tal afirmação, que já não correspondia à realidade, quando, em 1967, o Professor Doutor Figueiredo Dias escreveu a obra citada no texto, é, hoje categoricamente desmentida pelo art. 12.º do Decreto-Lei 605/75, de 3 de Novembro, ao afirmar que, «Nos casos de absolvição da acusação-crime, o juiz condenará o réu em indemnização civil, desde que fique provado o ilícito desta natureza ou a responsabilidade fundada no risco», como já o era, então, pela redacção do art. 128.º, do Código Penal, que dizia que «A imputação e a graduação da responsabilidade civil conexa com os factos criminosos são regidos pela lei civil».

Aliás, como, em «O Dever de Prestar e O Dever de Indemnização», já o Professor Doutor Manuel Gomes da Silva bem chama a atenção, mal se compreenderia que, tendo tal reparação uma natureza penal, casos existam (cfr. 30.º do C.P.P.), em que o legislador permite o exercício da Acção Civil, antes de ser exercitada a Acção Penal.

Entre os civilistas, além dos trechos já mencionados dos Professores Doutores Galvão Telles e Pessoa Jorge, queremos ainda citar a opinião do Professor Doutor Antunes Varela, que afirma revestir a indemnização uma natureza mista, visando compensar o lesado e *castigar, embora num plano civil,* o lesante ([60]).

Eis, assim, *punição* e *prevenção*, integrando o sentido profundo da indemnização pelo «dano-morte», sentido esse que irá ser determinante, como procurarei demonstrar, para a definição pela Ordem Jurídica da titularidade do direito àquela indemnização.

No entanto, assinalem-se, desde já, duas importantes consequências da conclusão a que se acabou de chegar.

É que, sendo a *função punitiva da responsabilidade civil* o fundamento da imposição ao lesante da obrigação de pagar uma indemnização pelo próprio facto de ter violado o direito à vida de outrem, faz com que esta obrigação não possa existir no campo da responsabilidade civil objectiva, pois a ausência de culpa do obrigado impede que se possa falar em castigo.

Neste domínio (o da indemnização do «dano-morte»), não havendo uma mínima concorrência da função punitiva com uma qualquer função reparatória ou compensatória, não se poderá, não havendo ilícito nem culpa, que fundamentem uma punição,

---

([60]) «Das Obrigações em Geral» — 2.ª edição — Vol. I — pág. 488.

justificar, no terreno da responsabilidade pelo risco, a imposição de um sacrifício patrimonial.

A segunda consequência consiste na óbvia inadequação do termo «indemnização» à realidade que aqui se trata.

Não sendo a morte passível de qualquer espécie de reintegração, natural ou por sucedâneo, é totalmente desajustado falar-se em indemnizar o que não é, por definição, indemnizável.

Caberá à doutrina propor outra expressão que melhor se ajuste à situação em foco.

Num plano ainda teórico, parece-me inegável a necessidade de impor a reparação patrimonial do «dano-morte» e que não faria sentido, protegendo a lei civil os indivíduos contra qualquer ofensa ilícita à sua personalidade física ou moral (cfr. art. 70.º, n.º 1, do Código Civil) e impondo, através do n.º 1 do art. 496.º, do mesmo diploma, a reparação (compensação) dos danos morais, não procedesse de igual forma, quanto à lesão do mais importante bem da personalidade, que vem a ser o direito à vida.

Além de tudo o mais, como muito bem é dito por diversos autores, tal viria permitir a afirmação de que, de um ponto de vista estritamente patrimonial, melhor seria para o lesante a morte instântanea da sua vítima do que o provocar-lhe ferimentos que, possibilitando-lhe ainda viver algum tempo, implicariam, contudo, um acréscimo do montante indemnizatório, por vir somar ao ressarcimento dos danos patrimoniais, porventura causados ao lesado, um outro, por danos morais, que não existiria caso o ofensor tivesse agido com maior «eficácia».

Sendo assim, se, no momento de efectuar o disparo fatal, o criminoso tem um lampejo de arrependimento que lhe faz tremer a mão que empunha a espingarda e, por essa razão, a bala em vez de atingir o ponto vital que provocaria instantaneamente a morte, acerta num outro, que a produz igualmente, mas só após um certo espaço de tempo, que acontece?

Acontece que à mais fraca «energia criminosa», a um rebate de consciência que poderia ter conduzido à preservação de uma vida, reage o direito através da imposição de uma pena mais severa pelo menos no que respeita aos aspectos patrimoniais!

Nada melhor para estimular a «competência» na pratica de um acto ilícito!

7.2. Estabelecidos, segundo creio, a necessidade e o sentido, digamos mesmo, a função, da indemnização pelo «dano-morte», procuraremos agora verificar se o legislador a consagrou ou não, no actual Código Civil.

O n.º 2. do art. 496.º, deste diploma, indica quais as pessoas a quem, «Por morte da vítima», *cabe* o direito à indemnização por danos não patrimoniais.

Por outro lado, o n.º 3 do mesmo preceito legal determina que, «...no caso de morte», podem ser atendidos os danos não patrimoniais sofridos pela vítima.

Ora, não fará sentido pretender que o legislador tenha somente querido repetir, no n.º 3, o que já havia afirmado no n.º 2 e, dado que, «Na fixação do sentido e alcance da lei, o intérprete presumirá que o legislador consagrou as soluções mais acertadas e soube exprimir o seu pensamento em termos adequados» (⁶¹), é legítimo presumir que ele, atendendo às necessidades importantes já assinaladas, consagrou na lei a respectiva tutela e que o dano previsto no n.º 3 do art. 496.º, do Código Civil, não é o mesmo que já se encontra contemplado no seu n.º 2 e que, enquanto um dos números se refere à indemnização da generalidade dos prejuízos não patrimoniais sofridos pela vítima antes de morrer, o outro regula a indemnização do «dano-morte».

7.3. Das opiniões que fui expressando ao longo deste trabalho creio resultar já que me inclino a considerar que o direito à indemnização pelo «dano-morte» é atribuído, *ex-novo,* às pessoas (familiares da vítima), mencionadas no n.º 2 do art. 496.º, do Código Civil.

Várias são as razões que alicerçam esta posição:

— Partindo do princípio de que a função da indemnização pelo «dano-morte» é a de *punir* o autor do acto ilícito lesivo do direito à vida e *prevenir,* pelo temor da imposição de sacrifícios patrimoniais, a repetição (pelo lesante ou por terceiros), de violações idênticas, dado que, quanto ao morto, não é possível falar de reparação, compensação ou qualquer outra forma de reintegração do direito lesado, não me repugna aceitar que a lei, face à impossibilidade jurídica de atribuir tal direito ao morto, pelos motivos já apontados, o concedeu, porém, a outras

---

(⁶¹) Cfr. art. 9.º, n.º 3, do Código Civil.

pessoas, por entender que a lesão do mais importante bem da personalidade não pode, sem grave inconveniente social, passar sem um castigo civil adequado, não sendo suficiente para a punir a cominação de sanções penais, isto é, não o sendo de um ponto de vista patrimonial privado.

No entanto, o legislador não esqueceu que, sendo a protecção da vida humana um dos mais importantes interesses públicos (o que, só por si, já justificaria que a respectiva tutela privada, na impossibilidade de ser conferida ao lesado, fosse atribuída a outrem), corresponderia, no entanto, também, a um presumível interesse do morto — o interesse que ele teria em permanecer vivo — e que, ninguém melhor do que os familiares mais chegados do falecido, estarão em posição de decidir se, e em que medida, o exercício do direito a indemnização corresponde à vontade hipotética da vítima ([62]).

E, note-se, a indemnização de terceiros, que não são o lesado *imediato,* não constitui uma excepção única ao regime da responsabilidade civil extra-obrigacional, pois já o art. 495.º, do Código Civil, no campo dos danos patrimoniais, avança nesse sentido, conquanto trate ainda e só da indemnização de danos causados a esses terceiros pela conduta do lesante.

([62]) Curiosamente, Larenz (Vertrag Und Unrecht, 1936) fala, segundo refere o Professor Doutor Adriano Vaz Serra, em *satisfação do ilícito pessoalmente causado ao lesado,* o que indiciaria o tipo de solução que indico acima.

O elemento histórico da interpretação é, igualmente, favorável à posição que prefiro.

Com efeito, o n.º 4 do art. 759.º, do Anteprojecto elaborado pelo Professor Doutor Adriano Vaz Serra, dispunha que «o direito de satisfação por danos não patrimoniais causados à vítima transmite-se aos herdeiros desta, mesmo que o facto lesivo tenha causado a sua morte e esta tenha sido instantânea».

No mesmo sentido, também, afirmava o art. 476.º, n.º 2, saído da primeira revisão ministerial: «o direito de satisfação por danos não patrimoniais causados à vítima transmite-se aos herdeiros desta, ainda que o facto lesivo tenha causado a sua morte imediata».

Contudo, a segunda revisão ministerial modifica o articulado, fazendo desaparecer a referência ao fenómeno sucessório e, adoptando a redacção que hoje se encontra expressa no art. 496.º, do Código. Civil.

Porque motivo procedeu o legislador desta maneira?

Sem dúvida por ter reconhecido que, no caso de se ter verificado a morte do lesado, o respectivo direito a indemnização já não poderia, extinta a personalidade jurídica, integrar a sua esfera patrimonial e, daí, transmitir-se aos herdeiros.

Como resquício, hoje desprovido de sentido, da primitiva redacção, ficou, na parte final, do n.º 2 do art. 496.º do Código Civil, a referência aos «...sobrinhos que os representem», que parece apontar para o instituto da representação sucessória.

Também me parece que o elemento literal ajuda a interpretar como faço, e que a expressão «*cabe*» utilizada no n.º 2 do art. 496.º, do Código Civil, é um indício de que o legislador está a afastar uma ideia de sucessão, pois, caso contrário, usaria fórmulas que, como «transfere-se» ou «transmite-se», inculcam uma imagem de substituição na titularidade de um direito.

Com «*cabe*», que está muito mais próximo de «compete» e de «tem» do que de outros termos que sugerem uma transmissão, é o próprio legislador quem nos está a indicar que se trata de uma atribuição «*ex-novo*».

Afigura-se-me, até, que as palavras «*o direito cabe*» têm mais força, no sentido indicado, do que as «têm legitimidade para», utilizadas no n.º 2 do art. 71.º do Código Civil e aí, com poucas excepções, a doutrina entende não se tratar de um fenómeno sucessório.

8. Resta-me, à guisa de conclusão, indicar o sistema que julgo estar consagrado do art. 496.º, do Código Civil:

— No n.º 1, afirma-se a obrigação de indemnizar os danos não patrimoniais, pertencendo o correspondente direito, como é óbvio, ao lesado imediato, isto é, ao titular dos interesses insusceptíveis de avaliação pecuniária que foram directamente ofendidos pela conduta ilícita do lesante.

— No n.º 2, ao afirmar-se que o direito à indemnização «por morte da vítima» *cabe,* em conjunto, a determinados familiares, está-se a declarar a indemnizabilidade autónoma do «dano-morte», pois só quanto a este é lógico afastar o normal regime sucessório e indicar um conjunto de pessoas com direito à indemnização, dado que, não sendo já possível atribuí-lo ao morto, não seria viável a sua transmissão «mortis causa» e, à mingua de titular, não podendo o direito ser accionado, frustrar-se-ia a intenção da lei de não deixar impune, de um ponto de vista patrimonial, a *enorme* lesão causada pelo autor da conduta ilícita, violadora do mais sagrado dos direitos: o direito à vida.

— No n.º 3, após indicar o método de calcular o montante compensatório, afirma-se o direito à indemnização pelos restantes danos morais que, porventura, hajam sido sofridos pela vítima *antes* da morte, mesmo que este «antes» se traduza num momento fugaz e, como se trata de um direito *indiscutivelmente patrimonial* (o direito a ser indemnizado pecuniariamente é sempre patrimonial, mesmo que o dano sofrido o não seja e a indemnização dos danos morais só pode ser pecuniária, uma vez que não é possível a reconstituição natural), *não há nenhuma razão válida para afastar o regime normal das sucessões.*

Assim sendo, quer o direito já tenha sido exercido pela vítima, quer esteja ainda por accionar, ele já se integrou na esfera patrimonial do *de cuius* e irá *transmitir-se aos seus herdeiros* (legais ou testamentários), não havendo nenhuma necessidade de se estabelecer um grupo de pessoas a quem ele deva ser atribuído, ou uma ordem especial para a sua transmissão.

E, na realidade, o n.º 3 do artigo 496.º do Código Civil não o faz, limitando-se a tornar claro que não é por já estar atribuído, no número anterior, o direito a uma reparação pela morte da vítima que se exclui o direito a uma outra, pelos restantes danos não patrimoniais que ela haja eventualmente sofrido, ainda em vida e, relativamente a estes, por inútil, não se aponta a quem pertence o direito, evidente como é, para o legislador, que, como qualquer outro direito patrimonial, ele se transferirá para os herdeiros do lesado.

Na sua parte final, o n.º 3 do art. 496.º do Código Civil vem ainda conferir às pessoas que, nos termos do seu n.º 2, podem exigir a indemnização pela morte da vítima, o direito de serem compensadas, pelos danos não patrimoniais que elas próprias sofreram com o desaparecimento daquela.

Como atrás se afirmou e pelas razões então apontadas, penso que este preceito não obriga, nem poderia com coerência fazê-lo, a respeitar a ordem estabelecida pelo n.º 2 do preceito em análise.

Como nessa altura se disse, não seria razoável que a lei fizesse depender o exercício de um direito subjectivo pelo seu sujeito, direito que foi atribuído em função de um seu interesse, do facto de outras pessoas accionarem, ou não, um direito que a estas pertence.

E não se veja aqui uma contradição com o que se afirmou, quanto ao n.º 2 do art. 496.º, do Código Civil, pois trata-se de uma situação diferente da prevista neste número para o «dano-morte», em que se atribui igualmente um direito próprio a determinadas pessoas, não em função da tutela de interesses destas, mas sim atendendo à necessidade de proteger um interesse de ordem pública — a preservação da vida humana —, tendo em conta certos condicionalismos que tornam preferível serem familiares da vítima e não o Estado, quem deve exercer esse direito.

Lisboa, 14 de Novembro de 1980.

ÍNDICE

Nota Prévia 7
Nota Prévia 9
Plano de Trabalho 11

I
GENERALIDADES

1. Noções de danos não patrimoniais. Possibilidade da sua indemnização: a ideia de compensação. Problemas levantados pela dificuldade em calcular a indemnização e pela atribuição da titularidade do respectivo direito 15

2. Delimitação dos danos não patrimoniais susceptíveis de serem indemnizados. Alargamento da possibilidade de «ressarcimento» dos danos não patrimoniais à responsabilidade obrigacional 19

3. O cálculo do montante indemnizatório no campo dos danos não patrimoniais: critério a seguir em face da lei e especialidades relativamente ao que se passa com os danos patrimoniais 21

4. A transmissibilidade do direito a indemnização: transmissibilidade do direito a indemnização por danos não patrimoniais 27

5. Os danos não patrimoniais indiscutivelmente abrangidos pelo art. 496.º, do Código Civil 30

II

O «DANO-MORTE»

6. O «Dano-Morte»: os discutidos problemas de saber se a morte, isto é, se a lesão do direito à vida, origina, por si só e independentemente de outros danos, um direito à indemnização e, no caso afirmativo, quem é o titular desse direito e a que título. Relevância prática desta última questão 37

III

CONCLUSÕES

7. A posição adoptada: sua fundamentação 57
8. O sistema consagrado no art. 496.º, do Código Civil 69